AF360121

HYMNE
DE LA
PVISSANCE
DIVINE.

A PARIS,
Chez PIERRE DES-HAYES, ruë
de la Harpe à l'enseigne de la
Limace, proche la
Rose rouge.

M. DC. XXV.

(2)

A TRES-NOBLE

ET TRES-VERTVEVSE
DAMOISELLE
MADAMOISELLE
DE
CLERMONT
D'AMBOISE.

ADAMOISELLE,

L'honneur qu'il vous a pleu faire à cét hymne de le lire & relire encore, apres auoir esté composé par vostre commandement, le vous a tellement acquis, qu'il est plus à vous qu'a

celuy mefmes qui l'a fait. Et bien
qu'a peine euſt-il oſé ſe trouuer
deuant aucun autre, il ſe preſente
à vous en ceſte hardieſſe que luy
auez donnee; Vous ſuppliant
tres-humblement d'auoir agreable qu'il vous ſoit & à tous ceux
qui le verront, teſmoignage com-
bien ſon autheur honore voſtre
pieté, modeſtie & debonnaireté
admirable, en vn courage digne
de la grandeur de voſtre naiſſan-
ce : vertus rares en ce ſiecle; &
qu'il a voüé d'eſtre toute ſa vie

MADAMOISELLE,

Voſtre tres-humble & tres-obeïſ-
ſant ſeruiteur.

M. A.

HYMNE

DE LA
PVISSANCE
DIVINE.

MVSE, que deuons nous celebrer en nos vers,
Sinon cette vertu qui crea l'Vniuers?
Qui dés l'eternité se tenoit enfermee
D'vn corselet ferré, & d'vne pique armee,
Presente à l'Immortel, & là patiemment
Attendoit qu'il ouurist sa bouche seulement;
Puis quand il eut déclos ses leures en oracles
Tout l'infini du vague elle emplit de miracles.
Vien donc, ma douce Muse, & chanton en nos vers
La puissance de Dieu qui crea l'Vniuers.

 Le monde estoit vn vague, & le germe des choses
Qu'en son vaste giron Nature tient encloses,
Estoit dans le Neant, & rien n'apparoissoit
Excepté le Neant qui le vuide emplissoit,
N'auoit large ny long, ny profonde estendue
N'auoit ny haut ny bas; ains vne ombre espanduë
Où maintenant on void & la terre & les cieux,

A ij

Sans lumiere ny corps, impenetrable aux yeux,
Sans terme ny sans fin, sans forme ny sans estre,
Que l'ame ne sçauroit perceuoir ny connoistre,
Qu'on n'imagine point, & ne se laisse aux sens
Saisir, tant puissent ils estre aigus & perçans,
Sans lieu, tenoit tout lieu; quand la diuine essence
Enfla sa bouche ronde, & dit à sa Puissance.

    Voicy venu le temps ordonné des destins,
Engrauez deuant moy en placars aimantins,
Constante verité, non iamais variable,
Qu'il faut donner essay de ta force admirable.
Chasse moy le Neant & contourne le rond
D'vn monde spacieux, & le remplis au fond
De mille & mille encor & mille creatures;
La sagesse ta sœur t'en dira les natures.
Pren là pour ta compagne, ainsi que tu peux tout
Son sçauoir est aussi sans limite & sans bout.

    Au son de ceste voix par la sagesse ouyë,
La diuine Vertu se sentit resiouyë,
Car elle aime l'ouurage & ne peut endurer,
Quand Sagesse le veut, d'oisiue demeurer.
Mais elle ne fait rien si sagesse compaigne
Ez œuures de ses doigts tousiours ne l'accompaigne
Bien quelle soit actiue, & ne paresse pas.
Adonc elle esbranla ses venerables pas,
Et de son sein robuste estendant sa main large,
Tira hors du Neant vne pesante charge
De matiere confuse, ou pesle mesle estoit
Humide, sec & froid qui le chaud combattoit,
Broüillez en ce chaos. le discord & la guerre
En desordre y mesloyent le feu auec la terre
Les eaux auec les airs; tenebres à l'entour

Reposoyent sur l'abysme ou s'estouffoit le iour.
Chose hideuse à voir en si estrange forme.
Si tout fust demeuré monstrueux & difforme.
Iusques à maintenant, quel honneur eusses-tu
Cueilli de ton ouurage, ô diuine vertu?
Tu ne le voulus pas : Aussi la sapience
Ne l'eust pas consenti ; Car sa belle science
De ranger comme il faut les membres d'vn chaos,
Vn chacun en son lieu n'en eust point eu de los.

    Alors tu separas la matiere pesante
Et seche, de l'humeur en ses veines coulante,
Tout à l'entour d'vn point sa poussiere espandis,
Et comme vne pelote ensemble la pendis
(La voutant au compas en figure bien ronde)
Et ferme la fondas au beau milieu du monde
D'inuisibles piuots, balançant sa grandeur
De iustes contrepoids pendans à sa rondeur.
Tellement que les vens de leur fiere menace
Ne la peuuent mouuoir vn point hors de sa place
Chocquant ses flancs espars, & rompent leur fureur
Dessus ses durs costez ainsi comme l'horreur
Des grands flots de la mer esmeuë & tormentee
Se rompt dessus la roche au riuage plantee.

    Les farouches sangliers tu logeas en ses bois,
Ez montueux deserts fis bondir les chamois,
Fis les bestes des champs, & és forests ombreuses
Tu mis des peureux cerfs les grands bandes rameuses,
D'vn long trac émaillé & de flots my-brisez
Fis ramper la vipere & les aspics rusez,
Armas les elephans des replis de leur trompe,
Et vestis les cheuaux de superbe & de pompe.

    Tu fis aller autour de ses flancs estendus

La mer, *&* de ses bras vaguement espandus
Serras en mesme rond *&* la flottante plaine,
Et la terre qui sert à nostre race humaine
De sejour asseuré, bornant la haute mer,
Si qu'elle peut assez au riuage escumer,
Fremir *&* tempester, mais onques de son onde
Ne franchira ses bords pour inonder le monde,
    Tu fis à ta parole esleuer vers les cieux
Les hauts sommets neigeux des monts audacieux,
Le Caucase en sortit *&* les Alpes cornuës
Auec le grand Atlas qui supporte les nuës
Dessus son dos glacé, *&* les monts Pyrenez
Par qui pour nous les pas des astres sont bornez,
Taurus au large dos, *&* les rochers d'Epire
Si souuent diffamez des cieux *&* de leur ire.
    Tu fis à ta parole abbaisser les valons,
Et saillir à ta voix des racines des monts
Gros de fecondes eaux, les riuieres hautaines,
Et l'orgueil des torrens qui au trauers des plaines
Heurtant, bouleuersant, escumant *&* grondant,
Se vont vn trac tortu de leur corne fendant,
Amoureux de Thetis qui dans son sein les serre.
C'est toy qui leur taillas au ventre de la terre
Leur chemin par canaux, entrecoupez aux fonds
(Aux humains inconnus) des abysmes profonds.
    Fut ce pas toy aussi qui formas dans les ondes
Des poissons escaillez les troupes vagabondes,
Et l'horrible baleine à son aise y noüant,
Monstre grand *&* hideux qui sait en se ioüant
Dessus son dos vouté qui les ondes trauerse,
En dix mille tortis roüer la vague perse,
Et s'esgaye en ronflant d'esleuer des sillons

De flots ainſi que ſont les venteux tourbillons
Quand la noire tempeſte eſcumeuſe de rage,
Fait briſer en ſonnant les vagues au riuage.
  Puis tu fis à ta voix eſcouler rondement
Les humides vapeurs du troiſieme element,
Qui de ſes pas diſpos enuironna grand erre
Tout à l'entour le rond des eaux & de la terre
Volant d'vne aile pronte, & de ſes bras eſpars
L'eſtraignit en ſon ſein vague de toutes pars.
Non qu'il aime la terre, ains la vertu diuine
Qui luy auoit donné ſa premiere origine,
Luy commanda d'emplir toute la terre afin
Que le vuide ne cauſe au monde quelque fin.
  Elle donna pour regne aux haleines venteuſes,
Aux vapeurs de la foudre ardentes & ſouffreuſes
Terribles de puiſſance, aux frimats englacez,
Aux cometes qui ont leurs cheueux heriſſez
De feu prodigieux, aux neiges, à la greſle,
Aux tourbillons roüans, à ce feu qui ſautelle
Ainſi comme vne cheure, aux cheurons enflammez,
Aux faux aſtres qui ſont dans les airs allumez
Et d'vn long traict flãmeux tresbuchent par le vuide,
Pour ſejour eternel ceſte campaigne humide
Qu'on nomme l'eſtenduë, & pour leurs compaignons
En meſme domicile hebergea les demons.
  Elle peupla les airs de nombreuſes armees
D'oiſelets peinturez qui parmi les ramees
Degoiſent ſa loüange, & pour en faire autant
Enſeignent leurs fredons aux petis en chantant.
Puis gais vont eſtendant leur varié plumage
Aux doux ſouſpirs du vent qui leur aile ſoulage,
Et balent ſuſpendus voletans à plaiſir

Libres de tout souci, ou les poingt le desir.

    Le feu qui de soy mesme est de nature pronte
Et legere au voler, & qui sans cesse monte
Sans bride & sans repos, se fust sans doute espars
Dans le vuide infini, si comme des rampars
La diuine vertu n'eust de sa main puissante
Recourbé tout en rond vne sphere glissante
Qui resserre sa flame & dans ses flancs voutez
Retient tout à l'entour ses mouuemens dontez ;
Miracle de ses doigts ! & merueilleux chef d'œuure
Où sagesse & puissance à l'enuy se descœuure !
Elle forma le ciel d'vn bel airain luisant,
Clair comme vn diamant, & l'alla diuisant
En neuf cercles courbez l'vn dessus l'autre en sorte
Que hors de l'Vniuers creature ne sorte,
Outrepassant l'enclos de son tour spacieux,
Car toute creature est dans le sein des cieux.

    Puis elle fit passer tout à l'entour du monde,
En vn clin de ses yeux, vne lumiere blonde
Image de sa gloire & viue resplendeur
Que respandoit autour l'esclat de sa grandeur,
Enlustrant de ses rais les creatures sombres
Qui sans elle seroyent sans honneur dans les ombres,
Et tous les elemens seconde enuironna.
Puis la prenant és mains adonc elle en tourna
D'vn art inimitable vne luisante boule
Qu'on nomme le Soleil, qui de pas egaux roule
Sans cesse autour de nous & marque les saisons
Par les diuers quartiers de ses douze maisons.
Le Soleil puis apres en depart à la Lune,
Et aux astres diuers qui pendant la nuict brune
Meinent d'vn mesme train à branles bien contez

Leurs courſes par le rond de ces temples voutez.

   Des ſpheres à leur point maintesfois retournees
Gliſſant d'vn pied certain naſquirent les iournees,
L'an plié ſur ſoy meſme ainſi comme vn ſerpent
Par le biais des cieux tout doucement rampant
Suit toujours le ſoleil qui retourne & repaſſe
Et guide ſes cheuaux par vne meſme trace,
Et le ſiecle au lent pas, qui ne s'acheue point
Sinon que l'an cent fois retouche vn meſme point.

   A l'heure fut produite au monde la Nature
Ou Puiſſance diuine a mis ſa pourtraiture,
Belle & grande Princeſſe, & que les ſiecles vieux,
Trompez de ſa beauté, mirent entre les Dieux.
Elle fit demeurer la Ieuneſſe en ſa face
Qui luy tient le teint frais & les rides efface,
Pour iamais ne vieillir, & en nulle ſaiſon
Ne voir deſſus ſon front naiſtre cheueu griſon.
Elle emplit ſes coſtez de forces immortelles,
Sur ſon large eſtomach elle enfla ſes mammelles,
Luy fit le ſein gaillard & les membres diſpos,
Les flancs non iamais las, pour n'auoir de repos
De conceuoir ſans ceſſe, & luy fit bigarree
Vne robe à longs pans de fleuues chamarree
Coulans au long des plis, de plantes & de fleurs
Et de fruits piolez de diuerſes couleurs ;
Le Soleil y fut peint, & les humides voiles
Dont la Nuict ſe reueſt entreſemez d'eſtoiles
Brillantes en l'obſcur, furent d'elle tiſſus
En l'ombre que rendoyent ſes longs replis boſſus.

   Puis de ſa forte main Puiſſante ſaiſit l'anſe
D'vn vaſe merueilleux & large de la panſe,
Ou l'Ocean eſtoit portraict auec ſes flots ;

Là dedans elle auoit au fonds du vase encloses
Chacune bien à part, l'immortelle semence
Qui garde de perir vne chacune essence
En conseruant l'espece & tousiours reparant
Ce que le Temps mangeard icy va deuorant ;
Et dit en le mettant en la main de Nature ;

Afin que sans finir ce mien ouurage dure
Ferme de siecle en siecle, & qu'il ne voye pas
Auec le mouuement arriuer le trépas,
Ie t'en donne le germe, & veux que tu commandes
Aux cieux, aux elemens, aux plantes & aux bandes
Des poissons de la mer & des oiseaux des airs ;
Et aux bestes qui font leur demeure és deserts ;
Bref toute creature ayant souffle de vie
Mise sous ton pouuoir te demeure asseruie,
Sois Royne de ce Tout, & comme tu le vois
A perpetuité contregarde ses loix.

Adoncques s'approcha Sapience la graue,
D'vn pas bien mesuré & modestement braue,
Et luy donna la table ou de maints traits diuers
Elle auoit engraué l'ordre de l'Vniuers,
Et les diuines loix au monde peu connuës
Pour faire vn million d'ouurages dans les nuës,
Et dans la terre en bas peindre son chef crespu
De fleurs & le friser d'herbelettes houppu,
Former en ses roignons les minieres fecondes,
Et façonner par art les poissons dans les ondes,
Peindre les oiselets à fin que les humains
Admirassent Nature és œuures de ses mains.

Tant d'œuures accomplis la Puissance eternelle,
Couuerte d'vn plastron d'acier à la mammelle,
S'appuyant sur l'espieu qu'en ses doigts elle enta,

Tout

Tout au plus haut des cieux ses pas fermes planta,
Et sentit en son cœur ie ne sçay quelle ioye
De voir dessous ses pieds tourner en mesme voye
D'vn ordre compassé ces grands boules d'airin,
Et de voir arriuer au riuage marin
Deux fois par chacun iour en sa vague charette,
Ce grand Prince Neree, a qui pend de la teste
Vne perruque bleuë, & du col degouttant
En bas sur ses costez vn pers manteau flottant,
Pliant autour du sec ses molles accolades;
D'autre costé la terre espandoit ses œillades
Riantes vers les cieux & d'email piolé
Se couronnoit le front de ses fleurs estoilé,
Inuitant le Soleil dont l'amour embrasee,
Enfle ses flancs germeux de feconde rosee,
Et les cieux, qui autour de douce flame ardoient
Et de mille yeux ouuerts le monde regardoyent.

    Tel estoit son estat quand le mal-heureux homme
Rebelle a Dieu gousta de la fatale pomme,
Dont pour punition de son sale mesfait,
Tout le monde eust esté sans Clemence desfait,
Clemence qui tousiours de ses larmes arreste
Entre les mains du Saint, l'horreur de sa tempeste,
Lors que Iustice époint la diuine Vertu
A poudroyer ce Tout de son foudre pointu.
Ainsi les fondemens de la terre tremblerent,
Et tous les elemens estonnez se troublerent,
Et plus ne receuoyent des hauts astres marris
Qu'à regret, les rayons dont ils estoyent nourris;
La face de la terre en deuint herissee
De chardons espineux, & la mer courroucee
Se rida tout le front de maint sillon enflé,

Et de maint flot chenu des aquilons soufflé.
Aeole a qui Nature auoit commis les resnes
Des vens tourbillonneux, leur lascha les haleines,
Leur ouurit les prisons de sa cauerne, & lors
Pesle mesle en fureur ils sortirent dehors,
Rauageans l'Vniuers, les Cedres renuerserent
Et de la cime en fonds les flots bouleuerserent,
Tout l'air s'éprit de feux, les foudres allumez
Dans les humides flancs des nuës enfermez
Murmurans de courroux, horribles se heurterent,
Et sur le dos des monts en fureur esclatterent.

    Nature qui de dueil chaudes larmes iettoit,
Et de son poin fermé sa poitrine battoit,
Effaça tout son lustre, & triste escheuelee
Pleurant & lamentant nuds pieds s'en est allee
Vers le throne doré rayonnant de splendeur
Ou diuine vertu maintenoit sa grandeur;
Là ployant les genoux à sa Maiesté sainte
Nature en souspirant fit ainsi sa complainte.

    Helas ! Royne Puissance, auois tu pas promis
Qu'en suiuant les arrests des bons destins amis,
A perpetuité ie tiendrois d'aage en aage
Le sceptre fleurissant de ce bel heritage
Qu'on appelloit le monde, & verrois desormais
Aller vn mesme train mon royaume à iamais.
Et toutesfois helas ! voila ces quatre freres
Dont si bien tu rangeas les puissances contraires
Sous le frein de la paix, de rage enuenimez
Qui menent en fureur leurs quatre camps armez
Pour se liurer l'assaut d'vne mortelle guerre;
L'air de ses vens ailez veut esbranler la terre
Et secoüant ses flancs d'horribles tremblemens

Escroule les hauts monts iusques aux fondemens
Et du puissant effort maint gouffre s'entre-bâille;
Là le feu & la mer se donnent la bataille,
 Cestuy là de l'ardeur de ses flammes humant
Toute l'humeur des eaux qui se perd en fumant,
Veut secher la marine, & l'autre mutinee
Esteint en petillant sa flame forcenee,
L'air est tout gros de feux qui d'vn long trac brillant
Vont mes œuures diuers en la terre pillant;
La terre de chaleur tenant sa gueule ouuerte
Aualle les boüillons de la marine verte,
Et la mer ou les vens mettent tout à l'enuers
Sautant sur ses rampars, inonde l'Vniuers.
O diuine Vertu que ne m'as-tu laissee
(Pardonne ie te prie à mon ame angoissee
Car aux esprits outrez presque tout est seant)
Gisante en mon repos dans les bras du neant
Exempte de soucy, de soin & de misere
Sans me vouloir tirer aux rais de la lumiere,
Pour voir tout ce desordre & terminer ainsi,
Que n'agueres tu fis, tout ce grand monde icy.
Pourquoy te repens-tu? Tu serois bien volage
D'abandonner ainsi le soin de ton ouurage,
Comme si tu n'auois esleué qu'vn monceau
De sablon & de boüe aux riues d'vn ruisseau,
Ioüët pour vn moment qui se fond & s'esboule,
Creuassé de son poids, en la vague qui coule
Autour d'vn pied tortu, & minant & perçant
L'esbranle de ruine, & l'emporte en passant.
Ou bien si tu voudrois, admirable puissance,
Destruire l'Vniuers pour quelque mienne offense,
Ie iure ta grandeur & le sceptre aimantin
                              B ij

Par qui tu rends constans les arrests du destin,
Que ie n'ay point forfait, ains ay suiuy sans cesse
Les merueilleuses loix de ta sœur la sagesse,
I'en appelle à tesmoin la Sagesse qui sçait
Sonder & haut & bas tout cela qui se fait.

    Ainsi dit la Nature ayant en haut dressee,
Outree de douleur, la main & la pensee
Et de ses moites yeux mainte larme espandit,
Quand Puissance diuine adoncques respondit.

    Ie sçay que tu n'as point failli en nulle sorte,
Et que tu n'as ouuert à ce malheur la porte,
Ie te voyois ouurer & n'as rien entrepris
Sans auoir du conseil de la Sagesse pris,
Aussi ie t'inspirois la vertu de parfaire
De tes robustes bras tout ce que tu veux faire,
Et sans ceste vertu, soit en haut ou en bas,
Oeuure tant soit petit ne s'accompliroit pas.
Ie ne suis point non plus de l'inconstance esmeuë,
Ie suis tousiours egale & iamais ie ne muë,
Cela se doit changer qui naist des elemens
Subiets en se meslant à mille changemens,
Non à moy qui me sieds en la voute azuree
Dans vn throne d'airin d'eternelle duree,
Et qui vois à mes pieds en tous siecles gisant
Sans aller ny venir tousiours le temps present;
Mais si ores tu vois ma face courroucee,
C'est pour auoir esté de ce fol offensee,
De ce fol dis-ie encor, que i'auois establi
Sur l'œuure de mes mains & d'honneur ennobli,
Le couronnant de gloire & saoulant son enuie
Des biens & des plaisirs qui contentent la vie,
M'attendant qu'il seroit esmeu de ce grand heur,

A porter de l'honneur à ma sainte grandeur;
Mon courroux toutesfois pour cela ne machine
L'aneantissement de la ronde machine,
Clemence l'amollit, pour autant qu'vne fois
Du germe des humains naistra le Roy des rois,
Fils de Dieu tout-puissant sous qui le monde tremble,
Dieu d'essence luy-mesme & homme tout ensemble,
Victime du peché, qui doit d'vn bras puissant
S'establir par la mort vn regne fleurissant,
Et donner à ce tout vne gloire immortelle
(Car du sage destin la volonté fut telle)
Pour se passer soy-mesme en esclat de splendeur,
Autant comme vne perle egale en sa rondeur
Polie d'vn lustre & de blanche lumiere,
Que tu rondis toy-mesme en l'Inde matiniere,
Surpasse le grauois qu'vn ruisseau murmurant
Essuye peu à peu & polit en courant;
Partant console toy : I'arresteray l'iniure
Des elemens irez, & d'vne chaine dure
Brideray leur audace, afin qu'à l'aduenir
Tel desastre, ne puisse au monde suruenir,
Retourne t'en en paix, ie m'en vay les estraindre
Sous mes fermes liens qu'on ne sçauroit enfraindre.

*   Ainsi disoit Puissance, & des bras espandus*
Roidit en se voutant les muscles bien tendus,
Allongeant de ses doigts l'ineuitable serre,
Et saisit fortement les ondes & la terre
Les flames & les airs, & de durs cloux d'aimant
D'inuincible roideur les lia fermement.
Eux tous sans resister à sa voix se rangerent,
Et chacun en son lieu paisibles se logerent ;
Comme quand la fureur de la sedition,

Qui nasquit de l'orgueil & de la passion,
Saisit le cœur d'vn peuple & que ia desia volent
Les durs cailloux ronflans, & les feux qui violent
Brandis de tous costez sur le bout des tisons,
Riblant & forcenant, les toicts & les maisons,
Si de fortune vient vn homme de presence
Venerable, meslant sa graue contenance
De douce authorité, le peuple furieux
S'arreste tout picqué, luy d'vn tour de ses yeux
Et de mots doux coulans luy fleschit le courage;
Ainsi les elemens poserent toute rage,
La menace de bande en bande s'entendit,
Et de peur chacun ost, en son camp se rendit;
Et du respect qu'ils ont à sa Maiesté sainte
Depuis se sont aymez de paisible contrainte,
Prestans leurs qualitez contraires aux effets
Qui sauuent de la mort les œuures qu'elle a faits,
Sous la main de Nature, Ainsi que sous vn Prince
Puissant & moderé, vne mesme Prouince
Coupee en factions, se meine doucement
Dessous l'authorité de son commandement,
Et range sous sa loy qui punit les rebelles
Des cœurs pleins de fureur & bouffis de querelles.
O diuine Puissance, admirable en tes faits
Par toy les elemens entretiennent la Paix,
Et par toy les humains que la haine manie
A son gré contre nous, laissent leur felonnie,
Et par toy les Demons, pestes du genre humain,
Bridez du frein d'acier que tu tiens en la main,
Escument de despit, & sans iniure aucune
Couuent au sein couuerte vne vieille rancune.
     Raconteray-ie encor des faits de ton pouuoir?

Certes ie le feray pouſſé de mon deuoir,
,, Car l'hôme eſt bien ingrat & d'vne ame meſchâte
,, Si de langue & de cœur tes vertus il ne chante.
Qui pourtant les voudroit conter entierement,
Sembleroit à l'enfant ſimple d'entendement
Qui ſe tient arreſté ſur la riue connuë
Ou flote de la mer mainte vague chenuë,
Et veut nombrer les flots qu'il void venir lecher
L'vn ſur l'autre entaſſé, la baſe d'vn rocher;
Il en conte vn bien peu auecques mainte peine
Mais le flux incité tant de vagues ameine,
Et vient de tant de coups le riuage battant,
Qu'il luy trouble ſon nombre, & l'accable en contant.
Ie chanteray comment quand noſtre humaine race
Eut corrompu ſa voye en enſuiuant ſa trace
Des pas de ſes ayeux; Iuſtice dont le front
Reputeroit ainſi comme vn honteux affront
Le meſpris de ſes loix, Si diuine Puiſſance
N'en prenoit en ſon temps la ſeuere vengeance,
S'approcha de ſon throne & d'vn graue ſourci
S'aſſit en meſme rang & luy parloit ainſi.
    C'eſt bien, ô chere ſœur, vne loüange digne
Que l'on doit à bon droit à la vertu diuine
D'auoir donné ſon eſtre à ce grand baſtiment,
Et donté la fureur d'vn chacun element,
Les liant de concorde & retenant ſerree
Leur haine ſous le faix d'vne d'vne chaiſne ferree,
Qu'on ne peut desboucler & que le temps leger
Ne ſçauroit de ſa faux ny couper ny ronger.
C'eſt encor vn grand los d'eſtonner de ſon foudre
Les hauts ſommets des monts & les reduire en poudre,
De pouuoir en courroux, quand il te plaiſt, humer.

D'vne pompe de feu toute l'eau de la mer,
Et faire en craquetant au son de ta parole
Crouler de feste en fonds & l'vn & l'autre pole,
Secoüant les piuots de ce grand Vniuers,
Et d'vn seul coup de pied le pousser à l'enuers.
Mais que seroit-ce là, qui n'auroit point de cure
D'entretenir aussi les loix de la Droiture,
Et ne se soucieroit de voir à tous momens
Violer d'equité les saints enseignemens?
Quand tu creas ce Tout, tu donnas au tonnerre,
Et au gosier des vens, aux tremblemens de terre,
Quelque peu de ta force, & aux grands flots tortus
Le pouuoir d'esbranler ces grands rochers pointus,
Qui remparent leurs bords, & d'effroyable audace
Tout le riuage tors en mugle à leur menace;
Mais tu ne leur donnas vn rayon seulement
De la droite Equité; ils n'ont eu sentiment
Des loix de la raison ny du droit de Iustice
Pour aymer la vertu & abhorrer le vice;
Tu te la reseruas, & t'a tousiours esté
Comme seul ornement de ta diuinité.
La force de ton bras te rend bien redoutable,
Mais l'amour d'Equité te fera venerable
Aux siecles eternels : Et ne pourras sinon
Par l'amour de Iustice acquerir de renom.
Desia de ton pouuoir le souuenir s'efface,
De tes puissans exploits la memoire se passe
On t'oublie là bas : Vois-tu que les mortels
Te presentent leurs vœux ; enfument tes autels
Celebrent ta grandeur, on qu'aucun recognoisse
De graces & d'honneur les faits de ta hautesse?
Ils ont tous mesprisé le bien que tu leur fis

De leur donner vn terme à six vingts ans prefix
Pour amender leur vie & retourner en crainte
A rendre le deuoir à ta Maiesté saincte.
Aucun ne s'en soucie & ne voit-on là bas
Que meurtres & larcins, extorsions, debats,
Assassins, trahisons & sang & brigandage,
Le plus foible demeure au plus fort en pillage,
Le geant rien ne laisse à faire d'inhumain,
Le poure par aucun n'est recous de sa main,
Tout se fait à la force ; Et dois faire ton conte
Que sur nous tournera le reproche & la honte
De tout ce mal, s'il n'est promptement empesché
,, Car qui fait & qui souffre ont vn mesme peché.
Venge toy sans remise, & monstre à ceste race
Que tu sçais bien dompter l'iniustice & l'audace.
Voy-tu ceste balance, ou ie pese leurs faits ?
Ils ont tant l'vn sur l'autre amassé de forfaits
Qu'elle est toute remplie & refoule de crimes,
Et la force du poids la rauale aux abysmes;
Ainsi disoit Iustice & monstroit en main
Le plat qui s'abbaissoit sous le forfait humain.
    Puissance qui s'esmeut d'vne colere extreme
Auançant son bras droit, jura par elle mesme
Qu'elle en feroit vengeance & n'endureroit pas,
Qu'iniustice regnast es œures de là bas
Sans en porter la peine, afin qu'homme ne pense
Que puissance diuine ait part a son offence,
Du son de ceste voix le monde s'estonna,
Et l'abysme profond de frayeur en tonna.
    Lors diuine vertu lascha le frein des ondes,
Et des grands cieux irez ouurit toutes les bondes,
Respandit ses torrens du fonds de ses thresors,

Qui de flots bouillonnans, outrecoulans leurs bords,
Roulans bride auallee, ondoyans par les nuës,
De pluyes à foison & larges & menuës
Fondirent en la terre & leur onde noya
La campaigne ou Ceres autresfois blondoya.
Elle dit aux Tritons qui de leurs cruches pleines
Des ondes de la mer, vont dans les larges veines
De la terre versant les grands fleuues cornus,
Que versassent au double, afin que reuenus
Sur le front de la terre ils couarissent leurs Isles,
Fourrageassent les champs, inondassent les villes,
Et rompant le renclos de leur lit estreci,
Du labeur des humains n'eussent point de merci.
Puis elle fit sçauoir au grand Prince Neree
A qui sont tous les flots de la mer azuree,
Que repoussast les monts de son Trident pointu,
Et fendist à ses eaux au riuage tortu,
Vne bresche bien large, afin qu'onde sur onde
La grande mer s'enflast & comblast tout le monde.
Par quatre fois dix jours cet orage dura,
Toute la race humaine au deluge expira,
Les grands monstres marins qui viuent en l'abysme,
Souleués vers les cieux, s'esbattoyent sur la cime
D'Athos, tout estoit mer, & les premiers rochers
Qui dedans l'arche estoyent, flottoyent sur les rochers.
Les brebis & les loups, & les ourses felonnes,
Et les chameaux bossus, les petis des lionnes,
Et les peureux cheureuls, les oiselets ailez
Tombez recreus des airs baloyent pesle meslez,
Les Dauphins qui de mile, & mille vireuoutes
Serpentent en la mer les ondes de leurs routes,
Empestrez és forests és replis des rameaux

S'estonnent de heurter des cedres sous les eaux.

   Mais quand des cieux espars les courses bien bornees
De suite eurent tourné cinq fois trente iournees,
Clemence qui peut tout vers diuine vertu,
Auec son doux maintien & son œil abbatu
Ou nouoyt la pitié de si grande ruine,
Appaisa le courroux de Puissance diuine,
Et requist à sa sœur quelle allast esmouuant
Pour baloyer les eaux, quelque robuste vent.

   Lors Puissance appella Iris la Thaumantide
Que Nature forma d'vne nuë humide,
Et des rais du Soleil, & luy fit bigarré
Vn manteau demy rond d'vn beau pourpre barré
De iaune, bleu & pers, dont sans cesse distile,
A goute a goute vn pleur de rosee subtile,
Comme larmes de myrrhe ou de basme odorant
Du chef au long des pans de la robe courant,
Alors qu'vn puissant Roy le iour d'vne grand feste
D'vn huile precieux se parfume la teste,
En prenant en la main le sceptre commandeur
Qui regist les humains ployés sous sa grandeur.
Puis quand Nature l'eut en ce point accoustree
A sa Royne puissance, aussi tost la monstree
Qui la prit de sa main en present gracieux,
Pour à son mandement en volant par les cieux
Porter ses volontez & d'vne aile legere
Estre de ses secrets fidele Messagere.
Et luy dit en ces mots; Va t'en viste au Leuant,
Droit au milieu des cieux, & la commande au vent.
Qu'il se mette en campaigne & de fortes haleines
Essuyë sans tarder les terres qui sont pleines
De flots, & les dechasse vn chacun en son lieu,

D'autant qu'ainsi le veut la Puissance de Dieu.

Iris qui l'entendit desploya ses deux ailes,
Peintes d'vn bel émail, & battant des aisseles
Les voutoit en croissant, ainsi comme vn autour
Qui vole apres la proye, & d'vn spacieux tour
Et planant & ramant d'vne pronte secousse
Ou le commandement de Puissance la pousse,
En brisant l'air sonant fit tant qu'elle arriua
En l'autre ou le fort vent d'Orient se trouua.

Là gisoit estendu au milieu de la grote
Le vent que les gregeois nomment Apeliote,
Car Nature donnant à chacun deux à part
Son logis, arresta ce vent en ceste part,
D'où le Soleil crespant son beau front de lumiere,
Sort d'auecques Thetis la vieille mariniere
Quand laissant à son dos des poissons le seiour
Il vient chés le Belier heberger à son tour.
Depuis que la Puissance eut desserré les brides,
Pour punir les humains, aux ondes homicides,
Ce vent s'estoit tenu profondement charmé
De la froideur du somne en sa grote enfermé,
Ronflant vn doux repos, & ses ailes pointuës
Se croisoyent a demi laschement abbatuës,
Comme l'aigle du foudre espris de la chanson
Des Muses baisse l'aile endormi de leur son.
Aethre aux beaux yeux serains que s'en estoit fuyë
Du ciel quand il s'emplit de bruine & de pluye
Reposoit sur son aile & autour espandoit
Vn air qui le seiour agreable rendoit;
Des parois de la grote a des longes menues
Pendoyent les grands balais dont il chasse les nues,
Et les soufflets venteux qui de larges poulmons

Dissipent

Dissipent la brouëe à la cime des monts,
Serrant en leurs canaux les vagues empoulees
Des fleuues orgueilleux qui roulent és valees,
Et la bonne santé de leurs souspirs soufflant,
Dont les animaux vont leur estomach enflant.

    Iris incontinent la grote rencontree
Brusquement en sautant est vers le vent entree,
Et l'esclat du manteau bigarré qui brilla
Es yeux d'Apeliote, en sursaut l'esueilla,
Puis luy dit en ces mots: Renforce tes haleines,
Essuye sans tarder les terres qui sont pleines
De flots, & les dechasse vn chacun en son lieu,
Car ainsi te l'enjoint la puissance de Dieu.

    Ne plus ne moins qu'on void la douce colombelle
Apres auoir repeu, voler a tire d'aile,
D'vn champ semé de frais par le vague des airs,
Pour soigner ses petis non encore couuers
Fors d'vn duuet mollet & d'vn coston qui germe
Rang a rang sur les bords de leur aile peu ferme,
Et d'egale secousse esbranle, & va froissant
L'air sous ses auirons de plume gemissant;
Iris apres ces mots ainsi s'en est allee
Viste deuers les cieux d'vne roide volee,
Se coucher de son long sous le throne doré
Ou Puissance tenoit son empire honoré ;
Ainsi comme vne chienne au retour de la chasse
Des bestes qu'és forests & par les monts on chasse
Se vient coucher au long des pieds de son seigneur
Et tient l'oreille droite afin que le veneur
En entonnant son cor qui luy pend sous l'aisselle
Ne la laisse endormie & s'en aille sans elle ;
Iris ainsi s'allonge & iamais ne depart

C

Du Throne de vertu pour aller autre part,
Regardant sa maistreße, & si elle sommeille
Le chef en bas panché; soudain elle s'eueille
Au moindre bruit que fait vn petit branlement,
Et tient l'oreille preste à son commandement.

   Außi tost que le vent eut ceste voix receuë
Et reconhu d'Iris la casaque apperçeuë,
Sousleué sur ses pieds, le col vn peu vouté
A de main coup de dent sa plume piccoté,
Et desplié les neuds de ses ailes meslees
Que le sommeil auoit de pareße colees,
Puis eslancé de l'antre esmeut horriblement
Sa plume qui sißloit par l'humide element,
Et du gouffre profond de sa gorge beante
Souspiroit à grand flots vn haleine sonnante
Du choq de maint nuage; & robuste en poußant
Les alloit l'vn sur l'autre en l'air bouleuersant;
Horrible monstre & grand ! de l'vn à l'autre pole
Larges il estendit les ailes dont il vole,
Et ses venteux souspirs a remise montans,
D'vn bout des cieux alloyent iusqu'à l'autre flottans.
Quand il eut épuré tout le ciel de nuages,
Et seché les sourgeons des pluuieux orages,
Dißipé la bruine, & les airs baloyez,
Et les baueux torrens d'escume nettoyez,
Aethre qui le suiuoit & pendoit à ses ailes
Serena des grands cieux les voutes eternelles,
Et le voile rompit qui déroboit aux yeux
Le visage riant du Soleil radieux.

   Le vent en cependant, de son haleine forte,
Chaßoit dedans la mer les ondes, en la sorte
Qu'vn loup chaße d'vn mont vn troupeau de moutõs

Du haut encontre bas roulans à pelotons,
Culbutans de frayeur, & serrez s'entretiennent
De leur haste empestrez, iusques à tant qu'ils viennēt
A l'huis de leur estable, ou l'vn l'autre pressant
Poussant, & sautelant s'estouffent en passant,
Ainsi s'entrepoussoyent les vagues à l'entree
Des riues de la mer estroite rencontree,
Et de maint flot chassé qui arriere tournoit
Vn diuers trac d'escume en tortus bouillonnoit,
Roüant deça dela quand la mer qui regorge
En renomit maint vn du gouffre de sa gorge.
    Ores de tous costés ses plumes escartant,
Du branle de son aile il les alloit battant,
Comme on void au printemps en la froide Holande,
(Holande que le ciel fit guerriere & marchande,
Riche d'inuentions & fiere d'estendars,
Dons du Neueu d'Atlas & du terrible Mars)
Vn moulin dont le vent fait tournoyer les ailes,
Et virer vne roüe au mouuement des toiles,
Qui des prés inondez retire en flo-flottant
Toute l'eau qui se lappe & s'aualle en montant,
Coup sur coup redoublé, dans l'anchenau bien large,
Puis elle du froissis bouillonnant se descharge
Dans les vastes canaux emmurez & pressez
De montelets autour egalement dressés.
Ainsi mouuoit le vent son robuste plumage,
Versant & fouëttant les ondes au riuage
Qui sautoyent sur la coste & alloyent en roulant
Dans le sein de la mer maint caillou saboulant.
Ores le vent chargeoit sur ses plumes menues
Le plus subtil des eaux & l'épandoit aux nues,
Secoüant dans les airs le monstre de son corps,

C ij

Ainsi qu'vn chien barbet qui se tire dehors
D'vn estang limonneux quand il a pris a force
La cane qui ruzoit de mainte molle entorse,
Et Phebus allumé de nouueaux rais ardoit
Tout cela que le vent dans le vague épardoit.

Adonc se descouurit le coupeau des montagnes,
Et l'onde se tarit de dessus les campagnes,
Chacun fleuue paisible en son lit s'en alla,
De son moiteux habit le sec se desuoila
Peu à peu, comme quand vn doux zephyre chasse
Vn nuage noirci qui nous couure la face
De la sœur du Soleil; flot à flot esloigné
Parut le triste front de la terre baigné,
Et tout moite de vase, & sur sa face haue
Blanchissoit salement vne bourbeuse baue;
Tout estoit desolé, les cedres abbatus
Du mont Liban, monstroyent les racines ensus;
Sur les grands bras pointus des forests esueillees
La mer auoit pendu ses troupes escaillees.
On n'oyoit plus fremir sur les costaux les blés,
Les plus hauts bastimens en ruyne accablés
Pan sur pan renuersé, par la fureur des ondes
De repaire seruoyent à tous esprits immondes,
Non plus aux animaux, car eux grands & petis
Furent par l'vniuers du deluge engloutis,
Leur charogne sans plus en demeura puante,
Gisante esparsement en la terre gluante ;
Et plus ne ressembloit tout ce grand vniuers,
Qu'au Geant estendu tout à plat à l'enuers,
Vaincu de mille coups de cestes & courrayes
Qui s'enfange en tombant & se souille en ses playes;
Ainsi gisoit le monde. Et le ciel fut époint

De pitié de le voir en ſi mal-heureux point.
   Lors diuine Vertu qui du haut de ſon temple
De ſon grand œil ouuert tout le monde contemple,
Se repentit au cœur d'auoir ſi rudement
Laſché la reſne aux eaux, impiteux élement,
Et raclé ſans mercy, de la face du monde
Tout l'honneur abiſmé ſous l'onde furibonde.
Et meuë de pitié ne peut oncq endurer
Ce deſaſtre, ains voulut bien toſt le reparer
Inſpirant à ce Tout desfiguré de face,
Son antique vigueur & ſa premiere grace.
Et réueillant Iris à qui le doux ſommeil,
Leger, auoit ſillé la paupiere de l'œil,
Luy dit, Ie me repen d'auoir ainſi couuerte
La terre de mes flots deſolee & deſerte;
Quoy que les hommes ſoyent rebelles & meſchans,
Il me deſplaiſt de voir leurs charoignes és champs,
Et vaſte la campaigne ou Ceres la fertile
Refriſoit ſes moiſſons, demeurer inutile,
Sans oiſelets les airs & les prés ſans émail.
Sans hoſte les foreſts & les monts ſans beſtail.
Iamais ie n'vſeray de ſi dure vengeance,
Il me plaiſt de nouueau de dreſſer alliance
Auec la race humaine & iure ma vertu,
Et le terrible trait de mon foudre pointu,
Qu'oncques par mon courroux les vagues desbordees
Ne gaſtcront là bas les terres inondees.
Tandis que ces grands cieux meneront par compas
Tour apres tour coulant les erres de leurs pas,
Et le Soleil ira biaiſant ſes alleures
Entrant & reſortant de ſes douze demeures;
L'autonne ſera ſec & l'eſté chaleureux,
                     C iij

Humide le Printemps & l'hyuer froidureux,
Et du haineux accord de leurs vertus puissantes
Naistront dedãs les champs les moissons blondissantes,
Les herbes és valons, les arbres cheuelus,
Et les taillis frisez sur les monts crespelus.
Le monde ira son train, & des bestes l'engeance
Prouignera de siecle en siecle sa semence.
Et te commande Iris, pour autant que tu dois
Nature bien aimer qui te fit de ses doigts
D'vn si precieux art & te forma pour estre
Celle par qui ie fay mes volontez connoistre,
Qu'alors que tu verras sur l'aile des autans,
Les nuës s'esleuer qui noircissent le temps,
Et tiennent des beaux cieux l'apparence voilee,
Tu estendes és airs ta robe piolee
La reuoutant en arc, afin qu'en contemplant
De ses belles couleurs le varié semblant,
Imprimé dans l'obscur d'vne nuë azuree,
Me reuienne en l'esprit ma promesse iuree,
Et quelle soit pour signe aux hommes à venir
Qu'oncques mais par les eaux ie ne les veux punir.
    Ainsi disoit Puissance & de sa bouche enflee
Au sein de la Nature à la vertu souflee,
La force, les esprits, l'ardeur & la vigueur,
Chassant de ses costez la relante langueur,
Pour conceuoir, produire & enfanter sans cesse,
Et rauiuer ainsi vne chacune espece;
Et pour tost oublier l'ennuy de tant de maux
Enflamma de l'amour le cœur des animaux.
    O Diuine Vertu, Puissance Supernelle,
Qui vis également vne vie eternelle,
Qui portes en la droite vn flambant coutelas,

Et vn pauois d'acier lié deſſus le bras
Qu'on ne peut enfoncer, De qui la main enſerre
Dans le pli de ſes doigts les hauts cieux & la terre,
Qui au bruit de ta voix fais les mons ahanner,
Treſſaillir les coſtaux & la biſche fanner
De la frayeur du ſon; qui deſcrouilles les portes
Des enfers eſtonnez ſerrez de barres ſortes,
Ie te ſacre cet hymne, esbauché ſeulement
Pour eſtre de ton los petit commencement
Suiui bien toſt d'vn autre, Et te ſaluë encore
Et reuere ta force & t'honore & t'adore.
Influë ie te prie, au beau ſang de Clermont
Qui m'incita d'aller deſſus le double mont
De Parnaſſe, cueillir l'hymne que ie te donne
(Puiſſance tu peux tout) vne ſanté ſi bonne,
Que forte & vigoureuſe elle puiſſe contens
Et comblez de bon heur, outrepaſſer cent ans,
Puis cent ans eſcoulez, donne luy ceſte grace
De contempler és cieux la beauté de ta face,
Donne que ie te ſonne vn conuenable honneur,
Ren le chant immortel & beni le ſonneur.

F I N.

C iiij

HYMNE AV S. ESPRIT
PRIS DV LATIN.

Veni sancte Spiritus.

SPRIT du grand Dieu des dieux,
Vien & nous donne des cieux
Les rayons de ta lumiere,
Vien source de tout bon heur,
De toute grace donneur,
Et des affligez le pere.
Vien diuin Consolateur,
La frayeur du Tentateur,
Le doux hoste de nostre ame,
En trauaux soulagement,
Et doux rafraichissement
Au beau milieu de la flame.
De nos ennuis le soulas,
Reconfort en nos helas,
Liesse en nostre complainte,
Medecine à nos langueurs,
Vien & enlustre nos cœurs
De ta lumiere tressaincte.
Sans ta diuine bonté
Rien que la cupidité
N'auroit nostre ame embrasee;
Laue nos esprits souillez,
Et de secs ren les mouillez,

De ta feconde rofee.
Gueri nous de nos douleurs,
  Et de tes douces chaleurs
  Fon de nos ames la glace;
  Dui les à tes mandemens,
  Remets nos egaremens
  En la fente de ta grace.
Donne à ceux la qui de foy
  Se repofent tout en toy,
  De tes biens toute largeffe;
  Et les ornant de ton mieux
  Abbreuue les dans les cieux
  D'vne eternelle lieffe.

O D E.

PEre du Ciel & Monarque des Anges,
  Qui l'vniuers emplis de tes louanges,
O Roy des Rois, & d'vn tour de tes yeux
Menes en rond la cadence des cieux,
  Sainte femence eternelle
  De l'effence fupernelle,
  Viue refplendeur de Dieu;
  Regarde icy bas en terre
  Du haut de ton facré lieu
  Les miferes de la guerre.
Voy par pitié le peril ou nous fommes,
Et tourne a mieux les penfees des hommes,

Amolliſſant du doux de tes regars
Ces cœurs durcis de la fureur de Mars;
    Car tu le peux toy qui ſondes
    Les cachettes plus profondes
    De l'entendement humain;
    Eſt-ce pas toy qui le guides,
    Et gouuernes de la main
    A ta volonté ſes brides?
Prince de paix, auteur de la concorde,
Qui dechaſſas du monde la diſcorde,
Liant enſemble à fermes cloux d'aimant
D'accord haineux vn chacun element,
    Et fis du ventre des ombres,
    Qui de leurs tenebres ſombres
    Couuroyent l'abyſme profond,
    Saillir la lumiere blonde
    Qui ſe reſpandit au rond
    De la machine du monde;
Grand Roy ſous qui toute la terre tremble,
Allie en paix nos volontez enſemble,
Chaſſe la haine & fay que de la main
Tombe caßé cet acier inhumain
    Outil de forcenerie,
    Qu'vne felonne furie
    Nous apporta de l'enfer
    Pour en armer la Vengeance,
    Lors que le ſiecle de fer
    Deshonora noſtre engeance.
Noſtre France eſt, tu le vois bien, Opere,
Vn vray Chaos embroüillé de miſere,
Mais ſi tu veux, tu le peux ô Seigneur,
Donner la paix, vn aſtre de bon-heur

Qui des beaux rais de sa teste
Escarte ceste tempeste
Dedans les nuës tonnant,
Et conuertisse l'orage
En beau calme serenant
De la France le courage.

F I N.